POURQUOI
LES RICHES SONT-ILS
DE PLUS EN PLUS RICHES
ET LES PAUVRES
DE PLUS EN PLUS
PAUVRES
?

Dans la même collection :

Liberté d'expression : a-t-on le droit de tout dire ?
Daniel Schneidermann, Étienne Lécroart

Comment vivre ensemble quand on ne vit pas pareil ?
Ouvrage collectif, illustré par Étienne Lécroart

Osons la politique !
Caroline De Haas, Camille Besse

L'Homme est-il un animal comme les autres ?
Jean-Baptiste de Panafieu, Étienne Lécroart

Les règles... quelle aventure !
Élise Thiébaut, Mirion Malle

Et des mêmes auteurs aux éditions la ville brûle :
Panique dans le 16e, une enquête sociologique et dessinée

éditions la ville brûle
36 rue Parmentier - 93100 Montreuil
www.lavillebrule.com

Isbn : 978-2-36012-101-4

MONIQUE & MICHEL PINÇON-CHARLOT
ÉTIENNE LÉCROART

POURQUOI LES RICHES SONT-ILS DE PLUS EN PLUS RICHES ET LES PAUVRES DE PLUS EN PLUS PAUVRES ?

Nouvelle édition actualisée & complétée

la ville brûle

Remerciements

Monique, Michel et Étienne remercient leur éditrice
Marianne Zuzula, qui a eu l'idée de faire ce livre
et les a aidés de manière généreuse et efficace.

Monique et Michel dédient
ce qui suit à Hippolyte et Isidore.

Étienne dédie ce livre à Marielle et Anouk.

LE PÉLICAN

Le Capitaine Jonathan,
Étant âgé de dix-huit ans,
Capture un jour un pélican
Dans une île d'Extrême-Orient.
Le pélican de Jonathan,
Au matin, pond un œuf tout blanc
Et il en sort un pélican
Lui ressemblant étonnamment.

Et ce deuxième pélican
Pond, à son tour, un œuf tout blanc
D'où sort, inévitablement
Un autre qui en fait autant.

Cela peut durer pendant très longtemps
Si l'on ne fait pas d'omelette avant.

Robert Desnos, *Chantefables*

Chère lectrice, cher lecteur,

Tu as sans doute remarqué que nous vivons dans un monde et dans une société où règnent les inégalités : un monde dans lequel des riches gagnent des millions d'euros et ne savent plus quoi faire de leur argent, tandis que des pauvres peinent à se nourrir et dorment dans la rue.

Comme les pélicans du poème de Robert Desnos, qui se succèdent inévitablement, ces inégalités se reproduiront sans fin « si on ne fait pas d'omelette avant », c'est-à-dire si on ne casse pas cette société qui produit richesse et pauvreté.

C'est pourquoi nous souhaitons dans ce petit livre t'expliquer ce qui se cache derrière les rapports entre les riches et les pauvres, et en quelque sorte te donner des lunettes qui te permettront de voir le monde réel tel qu'il est, et donc de le critiquer.

Aider les autres à voir le monde tel qu'il est, c'est notre métier ! Nous sommes des sociologues, c'est-à-dire des chercheurs, des scientifiques qui étudient le fonctionnement des sociétés humaines. Notre travail consiste à montrer les inégalités entre ceux qui ont beaucoup d'argent et ceux qui n'ont rien du tout.

Pour mieux comprendre la façon dont vivent les riches, et dont ils s'organisent pour conserver leurs privilèges, nous avons décidé de nous confronter à la richesse et aux riches. Nous avons donc changé nos baskets pour des souliers vernis et sommes partis arpenter les larges avenues des beaux quartiers. Nous avons discuté avec les hommes et les femmes les plus riches et les plus puissants dans leurs châteaux, nous avons déjeuné avec eux dans de grands hôtels parisiens, nous avons partagé leurs activités (nous avons même enfourché nos vélos pour les suivre alors qu'ils galopaient devant nous pendant leurs chasses à courre !).

À présent, nous voulons partager tout cela avec toi car le monde dans lequel tu grandis et dans lequel tu deviendras adulte, c'est à toi qu'il appartiendra un jour d'essayer de le changer et de le rendre meilleur.

Monique et Michel Pinçon-Charlot

LES PAUVRES ET LES RICHES,
C'EST UNE LONGUE HISTOIRE

Aujourd'hui, certains roulent dans de superbes voitures, possèdent des yachts capables de traverser les océans, habitent de somptueuses villas entourées de parcs enchanteurs. Ils gagnent en un mois ce que d'autres ne pourront jamais gagner en une vie entière de travail. Pendant ce temps, de plus en plus de personnes vivent dans la pauvreté : tu as sans doute entendu parler du chômage, et tu sais qu'il y a en France de nombreuses personnes qui n'ont pas de travail. Il y en a d'autres qui travaillent, mais pourtant ne gagnent pas assez pour vivre bien, ne mangent pas à leur faim, ne peuvent pas se soigner, et ne partent jamais en vacances.

Tu te dis sans doute que c'est triste, et très injuste, mais qu'il y a toujours eu des pauvres et des riches, et que les inégalités entre les humains sont naturelles… bref, que l'on n'y peut rien. Mais c'est faux : en réalité, **la richesse et la pauvreté n'ont rien de naturel**.

En 2017, les 3 personnes les plus riches de la planète possédaient autant que la moitié la plus pauvre de la population mondiale, soit 3,8 milliards de personnes.

Il fut un temps où tous les habitants de la Terre vivaient de la même façon, à peine vêtus de peaux de bêtes, chassant et cueillant pour se nourrir. Puisque personne ne possédait rien, personne ne possédait plus que son voisin, c'est logique ! Mais dès que les hommes ont eu la possibilité de stocker et de faire des réserves, les inégalités sont nées et se sont développées : certains ont accumulé plus que d'autres, puis ont transmis leurs richesses à leurs enfants, rendant ainsi leurs familles plus puissantes au fil des générations.

Les inégalités sont donc la conséquence de stratégies mises au point par les plus puissants pour que certains (c'est-à-dire eux, bien sûr !) aient beaucoup… et que tous les autres n'aient presque rien. Ceux qui ont tout, ou presque, font en sorte que rien ne change. Nous allons te montrer dans ce livre par quels moyens…

Une stratégie est une façon d'agir pour atteindre son but.

QU'EST-CE QU'UNE CLASSE SOCIALE ?

Nous allons d'abord t'expliquer ce qu'est une classe sociale. C'est très important, et tu vas en avoir besoin pour comprendre tout ce qui suit.

Tu es peut-être à l'école primaire, ou au collège. Avec tes copains et tes copines, vous formez une classe. Vous avez beaucoup de choses en commun, puisque vous avez les mêmes professeurs, les mêmes salles de classe et les mêmes horaires de travail. Vous avez aussi les mêmes intérêts : vous voulez des cours intéressants, un bon emploi du temps (et si possible pas trop de devoirs !).

Eh bien une classe sociale, c'est un peu la même chose : c'est un rassemblement de gens qui ont les mêmes façons de vivre et de travailler, qui sont conscients d'appartenir au même groupe et qui s'organisent entre eux pour défendre leurs intérêts.

Avoir les mêmes intérêts, cela signifie vouloir obtenir les mêmes choses, avoir les mêmes objectifs.

Les **classes populaires** regroupent les personnes qui font les travaux les moins bien payés, dans les conditions les plus difficiles : les ouvriers dans les usines ou les employés dans les magasins. Les membres de cette classe sont les plus nombreux (mais ce sont aussi les moins bien défendus).

Au-dessus d'elles, il y a les **classes moyennes**. Ceux qui en font partie exercent des métiers moins pénibles et mieux payés. On y trouve les enseignants ou les gens qui travaillent dans des bureaux, par exemple...

Les médecins, les ingénieurs, ceux qui dirigent d'autres salariés, appartiennent aux **classes supérieures**.

Et encore au-dessus il y a la **classe dominante**, que nous appellerons dans ce livre les riches (et même les super-riches !) : ce sont des banquiers, des hommes politiques ou des industriels qui possèdent les usines et les entreprises dans lesquelles travaillent les membres des classes populaires, des classes moyennes et des classes supérieures.

Une entreprise fabrique ou vend des choses. C'est la différence entre le prix de revient du produit (combien cela a coûté pour le fabriquer) et le prix de vente qui permet au patron de l'entreprise de s'enrichir.

C'est la place que l'on occupe dans la société, avec plus ou moins de pouvoir et de richesses, qui définit la classe sociale à laquelle on appartient.

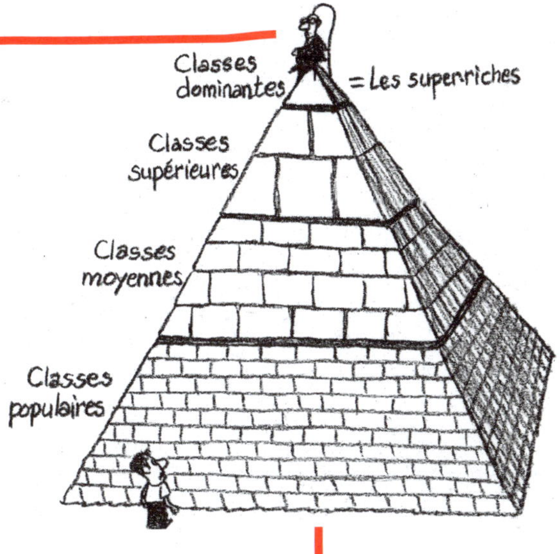

POURQUOI PARLE-T-ON DE LUTTE DES CLASSES, ET MÊME DE GUERRE DES CLASSES ?

Tu as peut-être déjà entendu parler de la **lutte des classes** (si c'est le cas, tu as sans doute entendu dire qu'elle n'existait pas, ou qu'elle n'existait plus...). Nous allons t'expliquer en quoi les différentes classes sociales ont des intérêts tellement opposés que l'on peut parler de lutte ou de guerre des classes.

Tu sais, tout cela ne date pas d'hier... Au Moyen Âge, les paysans devaient à leurs seigneurs des journées de travail gratuites, que l'on appelait la corvée. Aujourd'hui, ce travail non payé existe toujours : l'argent que les salariés, tes parents par exemple, reçoivent à la fin du mois ne correspond pas à la totalité de ce que leur travail a rapporté à leur patron. C'est un peu comme si ton professeur notait ton travail en ne regardant que la moitié de ton devoir, et qu'il revendait l'autre moitié en gardant tous les sous pour lui ! Les patrons font pareil : au lieu de payer à ceux qui travaillent pour eux la totalité de ce que ce travail va leur rapporter, ils en gardent une partie pour eux. C'est ainsi qu'ils s'enrichissent beaucoup plus et beaucoup plus vite que celles et ceux qui travaillent pour eux.

Le travail humain est à la source de toutes les richesses : par exemple, les agriculteurs récoltent le blé qui sera ensuite transformé en farine, puis la farine en pain. Les mineurs extraient le fer et les autres métaux avec lesquels les ouvriers, dans les usines, fabriquent des voitures, qui seront ensuite vendues. Et c'est la différence entre le prix que cela a coûté pour fabriquer quelque chose et le prix auquel cette chose est revendue qui est source de richesse.

La fortune du milliardaire Bernard Arnault représente 3 millions d'années du salaire minimum français (ainsi, une caissière dans l'un des magasins dont Bernard Arnault est propriétaire aurait dû travailler depuis l'âge de pierre pour gagner la même chose !).

Mais cette richesse ne profite pas à tout le monde : les ouvriers ne possèdent que leurs mains pour travailler, tandis que la classe dominante possède les entreprises et les machines. C'est donc aux riches que revient finalement l'argent gagné grâce au travail de tous ceux qui travaillent pour eux.

Alors, pour gagner toujours plus d'argent (ce que l'on appelle faire des bénéfices), les dominants ont intérêt à ce que les salaires soient les plus bas possible. Les salariés, eux, souhaitent gagner leur vie le mieux possible : après tout, sans leur travail, il n'y aurait que misère sur cette terre et la société ne pourrait fonctionner. Si tu veux, tu peux regarder encore une fois la pyramide de la page précédente, qui le montre bien.

Le salaire, c'est l'argent que l'on reçoit en échange de son travail.

Alors qu'en penses-tu ? Les uns veulent gagner plus en échange du travail qu'ils fournissent, les autres veulent au contraire les payer le moins possible pour accumuler le maximum de richesses. Si ce n'est pas la guerre, ça y ressemble, non ?

Demandons l'avis d'un expert. Un vrai dominant, un super-riche ! Le milliardaire américain Warren Buffett, qui est le troisième homme le plus riche du monde a déclaré : « Il y a une guerre des classes mais c'est ma classe, la classe des riches qui fait la guerre. Et nous sommes en train de gagner. »

LA FORTUNE DES 10 FRANÇAIS LES PLUS RICHES A ÉTÉ MULTIPLIÉE PAR 12 EN 20 ANS.

IL Y AVAIT 92 MILLIARDAIRES EN FRANCE EN 2017.

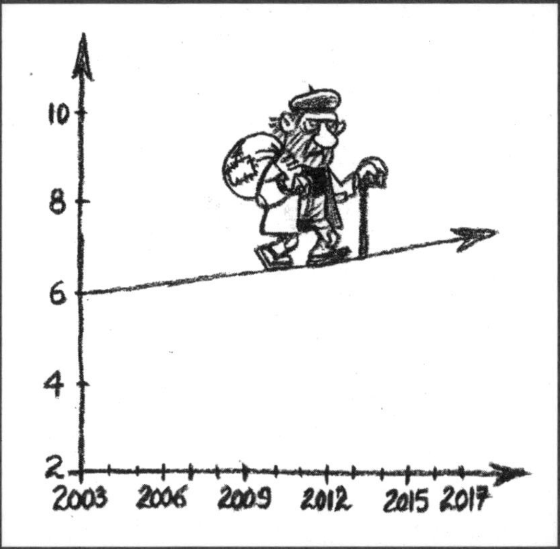

LES RICHES SONT DE PLUS EN PLUS RICHES,
ET LES PAUVRES DE PLUS EN PLUS NOMBREUX.
IL Y A EN FRANCE PRESQUE 9 MILLIONS
DE PERSONNES PAUVRES
(C'EST 2 MILLIONS DE PLUS QU'IL Y A 10 ANS).
PARMI EUX, IL Y A 3 MILLIONS D'ENFANTS PAUVRES.

DE QUOI EST FAITE LA GRANDE RICHESSE ?

La grande richesse est faite d'argent, de beaucoup d'argent. Mais pas seulement… Tu as peut-être déjà entendu parler de « capital », un mot que l'on utilise pour parler de l'argent que possède quelqu'un. En fait, il existe plusieurs types de capital. Pour faire la différence entre la classe dominante et les autres, la fortune (le **capital financier**) est bien sûr très importante, mais elle ne suffit pas…

La grande richesse est aussi faite de beaux tableaux dans le salon, de nombreux livres dans la bibliothèque, de discussions et de rencontres avec par exemple des artistes, des chercheurs, des auteurs de livres, des réalisateurs de films… On appelle cette forme de richesse le **capital culturel**. Les riches héritiers baignent dedans dès leur plus jeune âge, ce qui favorise leur réussite à l'école, puis leur permet de briller en société (nous en reparlerons plus tard…).

Il y a aussi les relations sociales, que l'on appelle **capital social**. Un dîner chez les grands bourgeois peut rassembler un industriel, un banquier, une ministre, la directrice de la communication d'un grand couturier et un évêque, par exemple… Ces gens très différents ont un point commun : le pouvoir !

Un symbole est une façon de représenter un objet ou une idée sans le montrer ni le nommer. Par exemple, le cœur est le symbole de l'amour.

Et le dernier type de capital que possèdent les très riches, c'est le **capital symbolique**. Il montre que les autres formes de richesse sont là, il les résume et leur donne de l'éclat sans avoir besoin de les nommer ni de les montrer. Il y a plein de façons différentes de montrer que l'on est riche et que l'on est supérieur aux autres, sans être obligé de sortir des liasses de billets… Par exemple, si tu t'appelles Charles-Henri de Rothschild, cela ne fera pas le même effet que si tu t'appelles Léo Durand. L'élégance et la façon de parler permettent aussi de se distinguer des classes moyennes et populaires, et de les dominer.

La super-richesse c'est de l'argent, de la culture, du pouvoir, des relations sociales et de la richesse symbolique.

Posséder un château, qui abrite la mémoire familiale à travers la galerie de portraits des ancêtres et un splendide appartement parisien dans les beaux quartiers, ce sont des signes d'excellence sociale.

C'est l'ensemble de ces richesses qui donne aux membres de la classe dominante leur pouvoir, et que les enfants de ces familles reçoivent en héritage à leur naissance.

Un jour tout ceci sera à toi.
HÉRITAGE

Un jour tout ceci sera à toi.
DETTES

EST-CE QU'IL SUFFIT D'AVOIR BEAUCOUP D'ARGENT POUR FAIRE PARTIE DE LA CLASSE DOMINANTE ?

Non, ce sont deux choses très différentes ! Prenons l'exemple de Paul Pogba : ce grand champion est payé des millions par son club et par les marques pour qui il fait de la publicité. Il gagne chaque semaine l'équivalent de 20 années de salaire minimum donc on peut affirmer sans se tromper que Paul Pogba est vraiment très riche ! Il peut vivre comme un prince, s'acheter de grosses voitures et des villas avec piscine, et mettre sa famille à l'abri du besoin pour plusieurs générations. Mais malgré cette immense richesse il n'est pas et ne sera jamais un grand bourgeois, un dominant. Pourquoi ? Parce que ce fils d'immigrés, qui a grandi dans une cité de la région parisienne ne doit sa fortune qu'à lui-même et à son talent pour le foot. C'est important, car cela signifie qu'il pourra transmettre à ses enfants sa richesse, mais pas la source de cette richesse.

À l'inverse, la richesse de la famille Rothschild remonte au XVIIIe siècle. Les Rothschild étaient les banquiers des rois et sont aujourd'hui les banquiers des puissants de ce monde. Ils possèdent des vignobles, des châteaux, collectionnent les œuvres d'art… À la différence de Paul Pogba, qui ne peut transmettre automatiquement à ses enfants son talent pour le foot, chaque génération de Rothschild transmet à ses enfants sa fortune, mais aussi la source de celle-ci : des entreprises, une culture, une éducation, des relations, créant ainsi une dynastie familiale.

Une dynastie est une suite de rois appartenant à une même famille. On emploie aussi ce mot pour désigner des familles où se succèdent des personnes célèbres et exerçant les mêmes activités.

Et il y a autre chose ! Paul Pogba est riche parce qu'il est un excellent joueur de foot. Il s'est enrichi grâce à son talent, pas grâce au travail des autres… ce qui ne l'empêche pas d'être complice de ce système qui appauvrit les plus pauvres pour enrichir les plus riches : on sait que Nike et Adidas dépensent de plus en plus pour sponsoriser des sportifs et des équipes… tout en payant de moins en moins les ouvriers qui, dans le monde entier, travaillent dans leurs usines.

En 2017, les sportifs français les mieux payés étaient Paul Pogba (22,2 millions d'euros), Tony Parker (19,7 millions d'euros) et Antoine Griezmann (19,1 millions d'euros).
En 2017, plusieurs membres de la famille Rothschild apparaissent parmi les 200 plus grandes fortunes de France : Benjamin (4 500 millions d'euros), Philippine (775 millions), Éric (580 millions), David et Edouard (245 millions).

COMMENT PEUT-ON DEVENIR AUSSI RICHE ?

Les ressources annuelles de la France, c'est-à-dire l'argent qui rentre dans les caisses et qui sert à financer toutes les dépenses de l'État, proviennent en grande partie des impôts et de la TVA, qui est une taxe que nous payons tous lorsque nous achetons quelque chose.

Les 100 plus grosses fortunes de France ont accumulé en 2017 un pactole de 439 milliards d'euros (pour te donner une idée de ce que cela représente, dis-toi que c'est presque le double des ressources annuelles de la France, qui sont de 243 milliards en 2017).

Autrefois, on faisait fortune dans l'**industrie**, comme l'ont fait les Michelin, fabricants de pneus, ou les Wendel dans la sidérurgie. Ou bien dans la **banque** : prêter de l'argent aux rois, puis aux industriels et aux États, a permis aux familles Rothschild et Lazard de devenir riches dès la fin du XVIIIe siècle.

Aujourd'hui l'**informatique** et **Internet** sont à l'origine de bien belles fortunes. Xavier Niel, le fondateur de Free, a accumulé plus de 9,4 milliards d'euros, qui font de lui la 10e fortune de France. Patrick Drahi, le propriétaire du groupe Altice (presse et téléphonie) est la 8e fortune française, et il « pèse » 14,7 milliards d'euros. Ce sont les deux seuls à avoir fait fortune récemment. Leurs « copains de classement » ont tous des fortunes bien plus anciennes.

Et si l'on parlait de Bernard Arnault ? La fortune de l'homme le plus riche de France (eh oui, là aussi il y a un « premier de la classe » !) se monte en 2017 à 46,9 milliards d'euros, qu'il a gagnés dans l'**industrie du luxe** : la haute-couture, les parfums, le champagne ou les bijoux.

De la même façon que l'on peut parier sur un cheval ou sur le vainqueur d'un match de foot, spéculer, c'est parier sur la valeur d'une entreprise, d'une monnaie ou même sur des produits de base tels que le blé, le riz ou le sucre.

La **spéculation financière** est un autre moyen de gagner énormément d'argent. Aujourd'hui ces paris et ces échanges d'argent sont faits sur toute la planète par des ordinateurs ultrarapides, capables de vendre ou d'acheter pour des milliards de dollars en moins d'une

seconde, à peine le temps de cligner des yeux ! Que ces paris mènent des pays à la faillite, et plongent des êtres humains dans la misère, eh bien ce n'est pas leur problème !

Une chose est sûre, plus on est riche, plus on peut investir son argent dans des entreprises ou des activités qui rapportent encore plus d'argent, et plus on a de moyens de faire pression sur les autres classes et sur les pouvoirs politiques… pour s'enrichir encore plus !

C'EST LA RICHESSE QUI CRÉE LA RICHESSE,
BIEN PLUS QUE LE TRAVAIL.

LES MILLIARDAIRES DANS LE MONDE

Le monde n'a jamais compté autant de milliardaires. Ils étaient 2208 en 2017, et leur fortune totale se montait à 7 670 milliards de dollars. En 2000, ils n'étaient « que » 470, pour une fortune cumulée de 898 milliards de dollars.

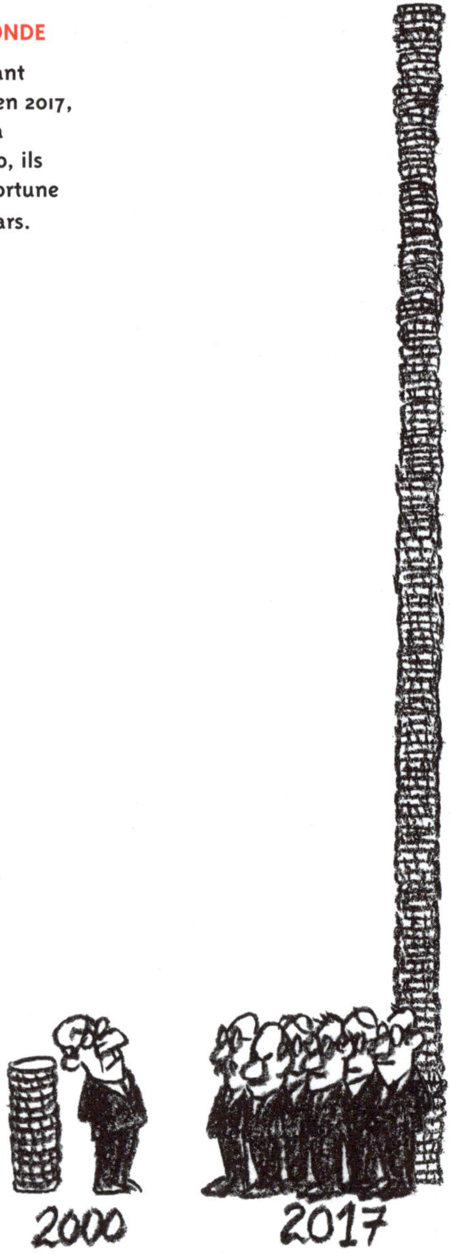

LA RICHESSE EST UNE MONTAGNE
SANS SOMMET :
ON PEUT TOUJOURS ALLER
PLUS HAUT.

DANS LA MISÈRE,
ON NE PEUT PAS DESCENDRE
EN DESSOUS DE ZÉRO.

DES CHIFFRES QUI DONNENT LE TOURNIS

La première édition de ce petit livre rouge est parue en 2014. Alors que nous actualisons tous les chiffres pour le mettre à jour, ces derniers nous donnent le tournis ! Amusons-nous à faire quelques comparaisons... même s'il n'y a rien de drôle là-dedans, bien au contraire !

• En 2014, les 85 multimilliardaires les plus riches du monde possédaient ensemble une richesse équivalente à celle de la moitié la plus pauvre des habitants de la planète. Ils n'étaient plus que 65 en 2015, 8 en 2016... et 3 en 2017 comme nous te l'avons déjà dit.

Non seulement les richesses sont **de plus en plus concentrées** dans les mains de quelques individus, mais elles augmentent de façon **extrêmement rapide**.

• En 2014, le 500e Français le plus riche possédait une fortune de 64 millions d'euros. En 2018, le 500e Français le plus riche a une fortune de 120 millions d'euros.

• Les mêmes 500 Français les plus riches possédaient 390 milliards d'euros en 2014, et 571 milliards d'euros en 2017.

• En 2013, les 100 plus grosses fortunes de France avaient accumulé 257 milliards d'euros, qui représentaitent un peu plus que les ressources de la France. En 2017, ce pactole était de 439 milliards, soit presque le double de la somme dont dispose notre pays pour fonctionner.

• La fortune cumulée des 10 Français les plus riches était de 153 milliards d'euros en 2014, elle se monte à 241 milliards d'euros en 2017. Parmi ces grosses fortunes, nous avons déjà parlé de Bernard Arnault, dont la fortune est passée de 24 milliards d'euros en 2014 à 46,9 milliards en 2017 (et hop, voilà une fortuune multipliée par deux en 4 ans !).

Et cette accélération se poursuit : durant les quatre premiers mois de 2018, selon l'agence de presse américaine Bloomberg, la fortune des 13 Français les plus riches a augmenté de 12 % avec 23,5 milliards d'euros de plus, dont 19,5 milliards pour les seuls Bernard Arnault et François Pinault. Dans les autres pays c'est beaucoup moins impressionnant : l'augmentation est de 7 % pour le Japon, 6 % pour la Chine et 2 % pour les États-Unis.

La roue de la fortune tourne donc toujours dans le sens de l'intérêt des déjà très riches. Cette accélération impressionnante pourrait nous pousser à baisser les bras, à nous dire que nous n'arriverons jamais à arrêter cette mécanique infernale. Il le faudra pourtant, à moins d'accepter la mort et la disparition de la partie la plus pauvre de l'humanité.

COMMENT PEUT-ON ÊTRE PLUS RICHE QUE RICHE ?

La plupart des personnes que tu connais ont un travail, qui leur permet de gagner l'argent dont elles ont besoin pour vivre. Parmi ces personnes qui perçoivent chaque mois un salaire en échange de leur travail, il y a bien sûr des différences importantes : le salaire mensuel le plus bas est d'environ 1 200 euros, et le plus élevé est d'environ 12 000 euros, soit 10 fois plus.

Le patrimoine, c'est l'ensemble de ce que possède quelqu'un : son argent placé à la banque, ses entreprises, ses collections de tableaux, ses maisons et ses châteaux, etc.

Chez les super-riches, c'est différent ! D'abord, ils n'ont pas besoin de travailler pour s'enrichir, puisque **leur patrimoine travaille à leur place**. C'est facile : si un super-riche est propriétaire d'immeubles qui sont loués, il gagne de l'argent ; s'il est propriétaire d'entreprises, elles lui rapportent de l'argent ; s'il spécule avec ses économies, cela lui rapporte de l'argent, etc.

Parmi ces gens qui ne gagnent pas leur vie grâce à leur travail, mais grâce à leur fortune, qui elle-même leur rapporte de l'argent, les écarts sont bien plus importants que parmi les salariés.

Dans la classe des riches, les différences de niveau de richesse sont énormes. Le Français le plus riche est Bernard Arnault, dont la fortune se monte à 46 900 millions d'euros en 2017. Il est 390 fois plus riche que Jean-Baptiste Rudelle, le 500e Français le plus riche, dont la fortune représente… 120 millions d'euros.

MAIS QUE FONT LES RICHES DE TOUT CET ARGENT ?

« Ils en veulent toujours plus ! », c'est l'expression utilisée par les patrons pour critiquer les salariés qui réclament de meilleurs salaires ou de meilleures conditions de travail. Mais en réalité, ce sont les riches qui en veulent toujours plus.

Les dominants rivalisent de luxe, de confort et de fêtes coûteuses. Il faut tenir son rang, toujours être le premier. Par exemple, les bateaux de luxe sont classés selon leur longueur, et chacun veut avoir le plus grand ! Eh oui, c'est très important, quand on est très riche, d'avoir un yacht ! Cela permet de recevoir d'autres riches, de les impressionner, de faire parler de soi…

La pauvreté est égalitaire, et tous les pauvres sont à peu près au même niveau. Les riches, eux, se répartissent dans un vaste espace où on peut toujours être plus riche encore. Et comme à l'école, ils sont sensibles aux classements et à leurs résultats.

Bernard Arnault, première fortune de France, troisième en Europe, n'est « que » le quatrième homme le plus riche du monde. Son rêve, tu t'en doutes, est à présent d'être le plus riche de la planète...

Bulletin Scolaire

Nom : Arnault
Prénom : Bernard
Classe : Superriche
Option : Grand luxe

Capital Social :	20/20
Capital Culturel :	20/20
Capital Financier :	20/20
Total :	46,9 milliards d'euros
Rang Français :	1er de la classe
Rang Européen :	3e de la classe
Rang Mondial :	4e de la classe
Appréciation : Peut mieux faire	Association des Milliardaires Internationaux Suffisants – AMIS

OÙ LES RICHES CACHENT-ILS LEURS ÉCONOMIES ?

Une partie de leur fortune leur permet de s'acheter « l'indispensable » : de grosses voitures, un château, un yacht, puis un autre encore plus gros, un avion pour se déplacer facilement d'un pays à l'autre sans avoir à voyager aux côtés de personnes modestes, des villas les pieds dans l'eau ou dans la neige, et même des îles paradisiaques. Une autre partie est placée dans des banques, des entreprises ou des immeubles qui sont loués et viennent augmenter leurs revenus.

Et le reste ? Leur fortune est telle qu'ils ne pourront jamais tout dépenser. Et ni leurs enfants, ni les enfants de leurs enfants n'arriveront à vider la tirelire.

Alors que faire de ces sommes incroyables ? Payer des impôts sur cette fortune ? Non mais ça ne va pas la tête ! Vous n'y pensez pas !

Les impôts sont une certaine somme d'argent prélevée sur ce que gagnent les gens afin de financer les dépenses communes à tous les habitants du pays.

Logiquement, plus on gagne d'argent, plus on paye d'impôts. En réalité, ce n'est pas tout à fait exact, car les riches et leurs conseillers cherchent inlassablement les meilleurs moyens et les endroits les plus sûrs pour dissimuler l'argent qu'ils ne dépensent pas. Grâce à cela, non seulement ils cachent leur argent, mais ils en gagnent encore plus, le tout sans payer d'impôts, et donc sans contribuer au financement des écoles, des routes et des hôpitaux, ce que l'on appelle la solidarité nationale. Ces endroits s'appellent des « niches fiscales » et des « paradis fiscaux ».

L'adjectif « fiscal » renvoie à tout ce qui concerne les impôts.

Les **niches fiscales** sont des astuces permettant aux plus riches de payer moins d'impôts que ceux qui gagnent moins d'argent qu'eux. Dans une maison bourgeoise, on emploie des gens pour faire le ménage ou la cuisine, par exemple. Une partie des salaires de ce personnel est enlevée des impôts que cette famille aurait dû payer. Il existe un grand nombre de niches fiscales. Quand on investit de l'argent dans un département d'outre-mer, en Martinique ou en Guadeloupe, on peut aussi diminuer ses impôts. Et ça marche même s'il s'agit de l'achat d'un beau bateau à voiles… C'est ainsi que les niches fiscales sont passées de 73 milliards d'euros manquant pour faire fonctionner notre pays en 2010 à 100 milliards en 2018.

Les **paradis fiscaux** sont des pays qui garantissent le secret bancaire et qui ne prélèvent pas ou peu d'impôts sur l'argent qui passe chez eux. Parmi ces pays, il y a des îles paradisiaques comme les Bermudes dans les Antilles, les îles Caïmans dans les Caraïbes, de petits pays européens comme le Luxembourg, Monaco, la Suisse ou la Belgique, et l'État du Delaware aux États-Unis.

Rien que pour la France, le montant de la fraude fiscale (c'est-à-dire les impôts qui auraient dû être payés par les plus riches s'ils n'avaient pas triché pour dissimuler leur fortune) représente 80 milliards d'euros. Tu imagines tout ce que l'on pourrait faire avec cet argent ? Financer des hôpitaux et des écoles, donner plus de moyens à ceux qui sont moins favorisés pour qu'ils soient aussi bien éduqués que les plus riches, aider les pauvres, créer des emplois pour ceux qui n'en ont pas…

Les « paradis » des riches sont l'enfer des pauvres, qui sont volés deux fois : non seulement ils gagnent mal leur vie car leur travail n'est pas payé à sa juste valeur, mais en plus ils ne bénéficient pas de la redistribution des richesses à laquelle la fortune des riches donnerait lieu s'ils n'utilisaient pas tous ces passe-droits.

LIBRE EXPRESSION
VIVEMENT QUE ÇA CHANGE! À BAS LES INÉGALITÉS!
C'EST DANS L'ORDRE DES CHOSES
LIBRE
VIVE
LES INÉGALITÉS!

LES ENFANTS DES RICHES
SERONT-ILS RICHES EUX AUSSI ?

Tu t'en doutes, la réponse est oui ! Il faut dire que rien n'est laissé au hasard... Ils ont accès à toute la culture dans laquelle baignent leurs parents, et ils pratiquent des activités artistiques qui leur permettront plus tard de briller dans les conversations et de trouver facilement leur place dans le monde des riches. Si les enfants riches ont des difficultés à l'école, ils bénéficient de cours particuliers pour les aider. Des nurses et des jeunes filles au pair leur apprennent à parler d'autres langues que le français dès leur plus jeune âge. Ils partent en vacances à l'étranger chaque année, pour visiter et connaître le monde, et pour perfectionner leur pratique des langues étrangères. Ils ne fréquentent pas une simple école, comme les autres enfants, mais des écoles privées très spéciales (et très chères) où ils sont formés dès la maternelle à réussir leurs études et avoir confiance en eux. Le sentiment de supériorité qui en résulte est tout aussi important que leur fortune.

Les parents veillent également à ce que leurs enfants ne se marient pas avec des enfants de simples salariés. On ne mélange pas les torchons et les serviettes !

Sur 10 étudiants en grandes écoles (les grandes écoles sont des études supérieures très sélectives, donnant accès à des métiers prestigieux), 6 viennent des classes supérieures et dominantes, 3 des classes moyennes et seulement 1 étudiant vient des classes populaires.

Les mères organisent des boums de riches, qui n'existent que dans la haute société, et que l'on appelle des « rallyes ». Les jeunes y sont invités en fonction de la fortune et de l'appartenance à la grande bourgeoisie de leurs familles. Ces soirées ne servent pas à s'amuser en se faisant des copains : il ne s'agit pas de rigoler mais d'apprendre à reconnaître ses semblables en amitié et en amour.

Les jeunes des beaux quartiers vivent entre eux. Ils fréquentent les mêmes écoles, dans lesquelles leurs camarades sont de la même classe sociale qu'eux. Ils apprennent à gérer leur fortune, ils s'amusent entre eux, ils dansent entre eux, s'invitent entre eux... et tombent amoureux entre eux. Alors bien souvent, les mariages présentent l'avantage d'allier deux fortunes. C'est ce que l'on appelle de riches mariages d'amour !

POUR LA CLASSE DOMINANTE, LE MÉLANGE, C'EST LA MORT !

Ainsi, les riches héritiers pondent toujours de futurs riches héritiers, qui à leur tour devront apprendre à gérer cette fortune pour pouvoir la transmettre eux aussi à leurs propres enfants... tiens, comme le pélican de Jonathan !

À QUOI RECONNAÎT-ON LES RICHES ?

Nous avons dit, au début de ce livre, que les riches formaient une classe sociale que l'on appelle « classe dominante ». Ils dominent les autres classes de plusieurs façons : il y a tout d'abord la **domination économique et sociale** sur ceux qui ne possèdent que leur force de travail. Et il y a aussi la **domination symbolique**, qui est très importante car elle conduit les membres des autres classes sociales à penser que finalement, les riches méritent cette richesse et ce pouvoir car ils ont quelque chose de plus que les autres.

La richesse saute aux yeux. Les riches sont toujours bien habillés : leurs **vêtements** sont bien coupés, avec des tissus confortables. Leur **élégance** paraît naturelle, cela leur donne confiance en eux et beaucoup d'**assurance**. Leurs cheveux sont soyeux, bien coupés et parfaitement coiffés. Ils sont souriants et leurs dents sont blanches et régulières.

Être parfait à ce point-là, cela s'apprend ! Les enfants des riches pratiquent des **sports** comme l'équitation, le tennis ou la voile, qui sont encore peu accessibles aux enfants plus modestes. Et de toute façon, ils ne vont pas à l'AS de leur collège ou dans les clubs municipaux, mais dans des clubs très chers et très sélectifs, où l'on n'accepte pas n'importe qui (même pour faire du sport, les enfants riches ne fréquentent que leurs semblables). Dans certaines écoles privées, les enfants font du sport pendant la moitié de la journée, ce qui leur donne beaucoup d'assurance physique. Ces enfants seront plus tard à l'aise en toutes circonstances : jamais intimidés, jamais gênés.

C'est ainsi que les grands bourgeois apparaissent comme « naturellement » supérieurs aux autres classes. On dit qu'ils « en imposent ». Cela se confirme quand ils parlent : les mots qu'ils utilisent, leur ton plein d'assurance et leur façon de parler viennent renforcer cette sensation. Tout cela entretient la domination qu'ils exercent sur les autres classes sociales.

LA DOMINATION SYMBOLIQUE SE REPRODUIT DE GÉNÉRATION EN GÉNÉRATION.

LES ENFANTS DE LA BOURGEOISIE DISPOSENT DE TANT D'AVANTAGES QU'ILS SE SENTENT SUPÉRIEURS AUX AUTRES ENFANTS DÈS LE PLUS JEUNE ÂGE.

POURTANT LA RÉPUBLIQUE C'EST LE MÉRITE, PAS L'HÉRITAGE ?

Oui, c'est vrai. Mais les bourgeois, après la Révolution française de 1789, ont fait comme les nobles ! Les nobles se transmettaient de génération en génération leurs châteaux, leurs terres... et les paysans qui travaillaient dessus. Les super-riches, même s'ils ne sont pas issus de la noblesse, forment de vraies dynasties familiales qui se transmettent leur **capital financier** (leur fortune et leurs possessions), leur **capital culturel** et leur **capital social** (un carnet d'adresses bien fourni en relations de haut niveau).

Ces trois types de capitaux se transmettent de génération en génération. La **reproduction des inégalités** est ainsi assurée et l'on retrouve le pélican de Jonathan qui, à son tour... De génération en génération, les grandes réussites économiques se transmettent et assurent aux héritiers un capital, des revenus et du pouvoir sur les autres classes sociales.

Mais pour que cette reproduction des inégalités soit acceptée par le peuple, et que ce dernier ne se révolte pas, les super-riches essayent de persuader tout le monde qu'ils ont « mérité » leur héritage en réussissant leurs études, ou bien en montrant qu'ils sont meilleurs que les autres (d'où l'importance de la domination symbolique dont nous venons de parler).

Ce qu'ils ne disent pas, c'est que leur réussite doit bien moins à leur mérite qu'à tous les **avantages** dont ils disposent au départ (argent, relations, culture), et dont les autres classes sociales ne disposent pas.

Que le meilleur gagne!
CAPITAL SOCIAL
CAPITAL CULTUREL
CAPITAL FINANCIER

EST-CE QUE LES RICHES TRAVAILLENT ?

Cela dépend… Beaucoup travaillent et dirigent les entreprises dont ils sont propriétaires, d'autres vivent de l'argent que rapportent ces entreprises sans les diriger eux-mêmes. Ce qu'ils gagnent ne vient pas de leur travail, mais des efforts de ceux qui travaillent pour eux.

D'autres encore se contentent de profiter de leur patrimoine et de leur fortune pour se consacrer aux activités de leur choix. L'un des descendants d'une grande banque d'affaires, passionné par les relations internationales, écrit des livres et donne des cours sur ce sujet à l'université. Les professeurs ne sont pas très bien payés, mais ce n'est pas un problème pour lui, qui vit confortablement grâce à la fortune dont il a hérité.

Mais tu dois comprendre que **la fortune des riches les définit plus que leur métier**. Imagine que nous, les auteurs du livre que tu tiens entre les mains, soyons invités à une réception très chic dans le grand monde en compagnie du banquier David de Rothschild. Nous, qui n'avons rien d'autre que notre métier, serons présentés comme des sociologues et un dessinateur. David de Rothschild, lui, sera présenté comme… David de Rothschild ! Car son nom seul suffit à dire qui il est et ce qu'il est. Son nom symbolise toutes les richesses de sa dynastie.

Chez les super-riches, la profession (quand il y en a une) ne fait pas partie de la définition de la personne, de sa place dans la société.

ÊTRE RICHE ET LE RESTER,
C'EST UNE ACTIVITÉ À TEMPS PLEIN.

Le seul vrai travail des riches, finalement, c'est de faire grandir leur richesse. Ils se donnent beaucoup de mal pour cela et pour ne surtout pas avoir à partager leur fortune. Aidés par des conseillers dont c'est la spécialité, ils cherchent les meilleures façons de s'enrichir plus encore : acheter des biens immobiliers (des immeubles, des châteaux, des hôtels ou même des îles entières !), des tableaux, des vignobles produisant des vins très chers. Et, tu le sais maintenant, ils passent aussi beaucoup de temps à cacher leur argent pour éviter de payer des impôts sur leur fortune.

QUE FONT LES RICHES QUAND ILS NE TRAVAILLENT PAS ?

Cette question n'a pas vraiment de sens pour les plus riches. En fait, on peut dire qu'ils travaillent tout le temps... ou qu'ils ne travaillent jamais !

Les riches ne font pas la vaisselle, ne passent pas l'aspirateur et ne tondent pas la pelouse du parc. Ce sont les tâches de leurs employés de maison. Ils délèguent la charge de gérer leurs affaires aux directeurs de leurs entreprises et à leurs nombreux conseillers. Cela leur laisse beaucoup de temps pour se distraire avec d'autres riches. Mais nous allons voir que ce qui pour nous ressemble à des distractions est en réalité... leur travail !

Ils vont de rendez-vous en rendez-vous. Ils participent à des déjeuners d'affaires, à des cocktails, des vernissages d'expositions, à des dîners avec d'autres super-riches, auxquels sont parfois invitées des personnes pouvant leur être utiles. Ils chassent le week-end. Ils prennent l'avion et font le tour du monde pour une partie de golf avec quelqu'un d'important. Ils invitent d'autres riches dans une de leurs multiples résidences ou sur leur yacht, ou bien sont invités à leur tour...

L'Union Interalliée est un club privé ultrachic où les super-riches se retrouvent entre eux pour discuter de leurs affaires et du climat politique.

Le Siècle est un club où la classe dominante se réunit et s'organise pour défendre ses intérêts, notamment dans les médias pour mieux manipuler nos cerveaux.

Pour eux, être chaque jour en représentation, une coupe de champagne à la main, c'est normal. C'est agréable, bien sûr, mais c'est surtout nécessaire à l'existence et à l'organisation de leur classe sociale.

Le fait qu'ils soient tout le temps en lien les uns avec les autres favorise l'unité de leur classe. Tu te souviens, nous en avons parlé au début de ce livre : ce qui forge une classe sociale, c'est aussi la conscience que l'on a d'en faire partie et d'avoir les mêmes objectifs.

Leurs relations mondaines permanentes font pénétrer dans les esprits des riches la conscience de leur excellence, de leur solidarité et de leurs intérêts communs. C'est cette « conscience de classe » qui leur permet de transformer leur richesse en pouvoir sur les autres classes sociales. Ils se battent ensemble, en utilisant tous les moyens dont ils disposent, pour la défense de leurs intérêts.

OÙ HABITENT LES RICHES ?

Les riches habitent… avec les autres riches : on n'en trouvera bien entendu aucun dans une cité HLM, ni dans un quartier où vivent des gens qui sont obligés de travailler pour gagner leur vie.

Ils vivent dans les beaux quartiers. Tout y est plus beau et plus grand : les trottoirs, les jardins devant les immeubles, les entrées et les appartements. Des caméras de surveillance, des digicodes et des gardiens assurent qu'aucun intrus ne viendra troubler ces privilégiés dans le calme luxueux de leur entre-soi. Parfois la rue tout entière est privée, fermée par une grille portant un panneau « Défense d'entrer ».

Il est rarissime que l'on décide de construire des HLM dans ces quartiers où vivent les riches : d'abord parce qu'aucun maire n'est courageux au point de s'affronter à eux, ensuite parce que les hommes et femmes politiques, qui sont en majorité issus du même monde, ont la même vision du monde et de la façon dont les choses doivent se passer pour protéger les intérêts de cette classe.

LE GHETTO DU GOTHA

La Villa Montmorency, située dans le 16e arrondissement de Paris, est un quartier privé caché derrière de hautes grilles, protégé par de nombreux gardiens et des caméras de surveillance. Les riches et super-riches y vivent entre eux, dans 120 vastes et belles maisons avec jardins, entre lesquelles on chemine dans de paisibles ruelles et sans risquer de rencontrer… un pauvre !

Et si malgré tout la construction de HLM est envisagée près de chez eux, ils s'organisent en associations pour empêcher cette « invasion de pauvres » qui leur fait si peur. Car l'un des privilèges auxquels les riches sont le plus attachés est de vivre entre eux : la richesse et le pouvoir de chacun rejaillissent sur tous les autres. On est encore plus riche au contact des autres riches !

Paris est la ville de France qui compte le plus de riches. La plupart des grands bourgeois habitent dans les quartiers ouest de la ville (les 7e, 8e et 16e arrondissements), ainsi que dans quelques communes situées à l'ouest de la capitale, comme Neuilly (qui est la deuxième ville comptant le plus de riches en France). Mais comme ils ne se lassent jamais de la présence de leurs semblables, c'est tout naturellement qu'ils se retrouvent à Courchevel l'hiver et dans les Parcs de Saint-Tropez l'été, un prestigieux domaine privé où les riches sont sûrs de rester entre eux.

LES BEAUX QUARTIERS HORS LA LOI ?

Il y a à Paris 79 centres d'hébergement d'urgence pour accueillir les hommes, les femmes et les enfants qui n'ont plus de maison et dorment dans la rue.

Mais jusqu'en 2016, il n'y avait que 18 places dans le 16e arrondissement, qui est pourtant le plus grand de la capitale (les 12e et 13e arrondissements de Paris proposent respectivement 1002 et 1228 places) !

Le premier centre d'hébergement d'urgence du 16e a été construit de manière provisoire (pour trois ans et seulement 200 places) et il a soulevé la colère de ses riches voisins. Ces derniers ne veulent d'ailleurs pas non plus de logements sociaux (alors que la loi l'impose) ou de centres accueillant des migrants.

A-T-ON BESOIN DES RICHES ?

Les riches aiment dire qu'ils sont des créateurs d'emplois, que leur richesse profite aux autres et que toute l'économie fonctionne grâce à eux.

Bref, à les entendre, ils sont indispensables... et ils ne se privent pas de le faire savoir.

Pour donner du poids à ce raisonnement, ils ont inventé la **théorie du ruissellement**, qui décrit la société comme une montagne du sommet de laquelle ils dominent les autres, et d'où leurs euros redescendent en arrosant toute la société, pour finalement tomber dans le porte-monnaie des travailleurs. Pour résumer leur pensée, donner de l'argent aux pauvres, c'est du gachis, leur en donner à eux, c'est un investissement !

Cette vision des choses leur permet de faire du chantage : si le gouvernement augmente leurs impôts ou cherche à revenir sur l'un de leurs nombreux privilèges, alors ils menacent de quitter la France et de partir s'installer à l'étranger, ce qui priverait la France de tout cela.

Alors, pour ne pas froisser les dominants, les gouvernements se transforment en Robin des Bois à l'envers, prenant aux plus modestes pour donner aux plus riches.

Pourtant, cette soi-disant « théorie du ruissellement » n'a rien de scientifique, malgré son nom ! Aucun économiste n'a jamais prouvé qu'il était bon pour l'économie d'augmenter la richesse des plus riches. Bien au contraire, tous les chiffres montrent que c'est faux et que pour développer l'économie d'un pays, il faut augmenter les revenus les plus bas.

UN RUISSELLEMENT QUI DÉFIE LES LOIS DE LA PESANTEUR !

En 2017, la richesse des 500 Français les plus riches a progressé 3 fois et demie plus vite que l'ensemble des richesses du pays.

Si l'on regarde la fortune des 10 Français les plus riches c'est encore pire ! Leur fortune a augmenté de 35 %, alors que les richesses du pays se sont accrues de seulement 1 %.

Tu veux que l'on se penche sur la fortune du 1er Français le plus riche, Bernard Arnault ? Sa fortune a été multipliée par 17 en 20 ans, alors que la richesse de l'ensemble de la France n'a été multipliée que par 2 durant la même période.

Il est étrange, non, ce ruissellement qui défie les lois de la pesanteur en coulant vers le haut ?

Les riches consacrent une telle énergie à s'enrichir que plus ils s'enrichissent, plus les pauvres s'appauvrissent et plus notre économie se porte mal. En France, la fortune des classes supérieures a doublé depuis 1998, alors que les 20% les plus modestes se sont appauvris. Si la théorie du ruissellement existait, cela devrait être l'inverse, non ?

De tels enrichissements ne tombent pas du ciel ! Ils sont rendus possibles en détournant les richesses créées par le travail vers les poches des propriétaires des entreprises.

Nous avons vu au début du livre qu'il était possible de représenter la société comme une pyramide : à la base, les classes populaires composées des ouvriers et des employés, qui sont les plus nombreux et les moins bien payés. Au milieu, les autres salariés, qui gagnent plus ou moins bien leur vie. Et au sommet de la pyramide, les riches, qui sont les moins nombreux. Imagine que l'on coupe le haut de la pyramide : il ne se passerait rien, elle tiendrait toujours debout. Mais si on supprime la base, c'est la catastrophe : tout s'écroule, les riches dégringolent en bas, et il n'y a plus ni pauvres ni riches, il n'y a plus que le désert.

Sans celles et ceux qui travaillent dans les entreprises, il n'y aurait pas de création de richesse, et donc... pas de riches !

DES PAUVRES QUI PAIENT PLUS D'IMPÔTS QUE LES RICHES, C'EST POSSIBLE ?

Aussi incroyable que cela puisse paraître, les riches payent moins d'impôts que les autres ! Tu dois te demander comment une telle injustice est possible... Tout simplement parce que les riches ne paient des impôts que sur une petite partie de leurs richesses.

Nous avons déjà parlé des **paradis fiscaux**, qui ne sont maintenant plus un secret pour toi ! Et bien grâce aux paradis fiscaux, les riches ne participent pas à la solidarité nationale : ils dissimulent le plus possible leur fortune personnelle et les bénéfices faits par leurs entreprises, privant ainsi le pays de 80 milliards d'euros par an, qui pourraient être utilisés pour le bien de toute la population.

Il y a aussi les **niches fiscales**, dont nous avons déjà parlé. Ces petites astuces taillées sur mesure par la classe dominante pour la classe dominante permettent de payer moins d'impôts en achetant des immeubles, un beau voilier dans les îles ou en employant du personnel de maison (pour faire le ménage, leur faire faire un peu de sport afin de rester minces et en forme ou donner des cours particuliers à leurs enfants).

Les super-riches bénéficient de nombreux autres privilèges. Par exemple, l'argent que l'on gagne sans rien faire (en héritant, en faisant des placements financiers judicieux, en spéculant…) est imposé moins lourdement que celui que l'on gagne en travaillant.

Les membres des classes populaires et moyennes, qui n'ont pas d'autres revenus que leurs salaires, n'ont pas la possibilité de cacher ces sommes dans des paradis fiscaux, ou de bénéficier de niches fiscales (pas de voiliers dans les îles, pas d'employés de maison… pas de réduction d'impôts !). Ils payent donc les impôts sur la totalité de ce qu'ils gagnent.

Et de plus, tout le monde paie un impôt très injuste qui s'appelle la TVA (la **taxe sur la valeur ajoutée**). Tout ce que l'on achète (une canette de soda, une baguette de pain, un paquet de pâtes, une voiture…) est soumis à cette taxe, que l'acheteur soit pauvre ou riche. Cet impôt « caché », que l'on paye sans s'en rendre compte, est celui qui rapporte le plus d'argent à l'État : 153 milliards d'euros chaque année (soit plus de la moitié des impôts !).

Oh! Case "Paradis fiscal" encore!

Case "licenciement" : "Vous devez 5000 € à la banque"...

QUELLES SONT LES ARMES DES RICHES ?

Tu l'as compris, les plus riches, désireux de s'enrichir toujours plus et de conserver leurs privilèges, sont bel et bien en guerre contre les peuples. C'est une **guerre financière et économique**, qui fait de terribles dégâts. C'est aussi une **guerre mondiale**, puisque les entreprises et les richesses se déplacent d'un pays à l'autre selon les intérêts de ceux qui les possèdent.

Pour augmenter leurs bénéfices, et moins dépenser en salaires, les riches payent le moins possible celles et ceux qui travaillent pour eux. Et quand ils ne peuvent plus diminuer les salaires, ils déménagent leurs entreprises dans les pays où les travailleurs sont encore plus mal payés : on appelle cela la **délocalisation**. Pour ceux qui travaillaient dans ces entreprises, il ne reste plus que le chômage, ou un travail souvent moins bien payé, qu'ils sont contraints d'accepter : c'est ça ou rien !

Nous avons une guerre (la guerre des classes), nous avons un champ de bataille (la planète), nous avons des combattants (les super-riches qui se battent contre les peuples), il ne nous manque plus que les armes pour comprendre ce qui se passe actuellement dans le monde.

La peur est l'arme principale de la classe dominante, et c'est une arme terrible : les salariés, qui ont peur de perdre leur emploi, acceptent de travailler en étant moins payés, ou en étant moins nombreux pour faire le même travail. Ils travaillent donc de plus en plus dur, dans des conditions de plus en plus difficiles... et pour moins d'argent. Ceux qui sont au chômage ne veulent qu'une chose : retrouver un travail, à n'importe quel prix et dans n'importe quelles conditions. Ils acceptent alors eux aussi de travailler plus et de gagner moins.

Ce qu'on appelle les **droits des salariés** (comme le droit de se reposer en famille le week-end, de prendre sa retraite après avoir travaillé un certain nombre d'années, ou d'être indemnisé lorsque l'on est malade ou au chômage) sont grignotés par les patrons. C'est une manière sournoise d'appauvrir encore plus ceux qui possèdent peu.

Ces armes économiques et financières sont très efficaces : d'abord elles font gagner toujours plus d'argent aux riches, et ensuite elles servent à persuader les pauvres que l'on ne peut rien faire pour que cela change, que le combat est perdu d'avance. La lutte serait devenue inutile et la loi du plus fort incontournable.

La **solidarité de classe** (les riches se serrent les coudes, tu t'en souviens ?) est aussi une arme puissante, et qu'ils savent très bien utiliser. Ensemble, on est plus forts, ils l'ont très bien compris.

Et ils ont aussi compris que si l'on se divise, on est plus faible. Alors ils s'emploient à affaiblir les autres classes en les divisant. Ils opposent les plus pauvres aux moins pauvres, ceux qui ont encore quelques avantages à ceux qui n'en n'ont plus, ceux qui travaillent dans la fonction publique à ceux qui travaillent dans des entreprises privées, les travailleurs venus d'ailleurs aux travailleurs français...

Ils ont aussi **des alliés puissants** : les hommes et femmes politiques, les journalistes...

Les hommes et femmes politiques font eux aussi partie de cette classe dominante, et défendent les mêmes intérêts. Nous allons en reparler tout de suite.

LES MOTS AUSSI SONT DES ARMES, ET POUR LES RICHES LA MEILLEURE DÉFENSE, C'EST L'ATTAQUE !

Les riches aiment parler d'eux de façon positive, en se désignant comme des « créateurs de richesses », des « créateurs d'emplois ».

Quand ils parlent des classes populaires, en revanche, les mots sont moins flatteurs : ils parlent de « coût du travail » au lieu de salaires, de « charges » au lieu de cotisations sociales. Cela permet de masquer le fait que le travail est une richesse, et que c'est la source de leur fortune.

Les plus défavorisés, ceux qui n'ont pas de travail, sont qualifiés d'« assistés » et soupçonnés de tricher pour profiter des quelques aides auxquelles ils ont droit... C'est ainsi que les riches masquent le fait que les vrais assistés, c'est eux ! Eux qui vivent à nos crochets, perçoivent des aides bien plus importantes que les personnes pauvres et ne participent pas à la solidarité nationale...

Les aides aux personnes les plus démunies coûtent environ 70 milliards d'euros par an aux finances publiques. Le coût de « l'assistance aux plus riches » (baisse de leurs impôts, niches fiscales, etc.) est d'environ 150 milliards d'euros par an (sans compter la fraude et l'évasion fiscale, et d'au moins 250 à 300 milliards si on les ajoute !).

C'est pareil pour la plupart des journalistes ! Les journaux, les télévisions répètent le discours de la classe dominante : « C'est comme ça, on ne peut rien changer, il faut accepter les choses telles qu'elles sont, faire toujours plus de sacrifices, se serrer la ceinture et se taire. » (On appelle ça la « **pensée dominante** »).
C'est qu'en France, 10 milliardaires possèdent presque tous les journaux, les télévisions, les sites Internet d'information. Cela pose pas mal de problèmes, le plus important étant que l'information que l'on reçoit, la façon dont les choses nous sont présentées, ne sont pas neutres mais représentent la façon de voir et les intérêts de ces 10 milliardaires, pas les nôtres !
Il est donc très difficile de s'élever contre tous ces puissants qui viennent du même milieu, ont fait les mêmes études, vivent de la même façon et n'ont aucun intérêt à ce que les choses changent.

POURQUOI LE PRÉSIDENT DE LA RÉPUBLIQUE NE FAIT-IL RIEN CONTRE CES INÉGALITÉS ?

Les hommes et femmes politiques qui nous gouvernent ne viennent presque jamais du monde des ouvriers et des employés. Ils sont tous issus de la classe dominante. Ils sont nés dans des milieux aisés, et même fortunés, ils ont fait les mêmes études dans les mêmes grandes écoles, et cumulent tous les avantages de la classe dominante. Nous en avons déjà parlé, ils se fréquentent, dînent ensemble, se marient ensemble, participent aux mêmes soirées mondaines et vivent de la même façon, dans les mêmes quartiers… C'est donc sans surprise qu'ils élaborent des lois qui sont favorables à leur classe et au seul monde qu'ils connaissent : celui des riches.

Alors, les classes populaires manifestent leur mécontentement en n'allant plus voter. Mais ce n'est pas la solution : ne pas voter, c'est laisser les hommes politiques prendre des décisions contraires aux intérêts du peuple. Il faut au contraire nous exprimer et faire entendre nos voix.

On appelle « représentation nationale » les député.es qui siègent à l'Assemblée nationale. Pourtant, ils ne sont pas vraiment représentatifs de la population française ! Alors que les employés et les ouvriers représentent la moitié de la population active, seulement 18 employés et 1 ouvrier siègent à l'Assemblée nationale élue en 2017. Et si moins de 20 Français sur 100 sont cadres et professions intellectuelles supérieures, c'est le cas de plus de la moitié des député.es.

Et cela ne risque pas de s'arranger, car les milliardaires occupent désormais les plus hautes fonctions politiques dans de nombreux pays. Tu as dû entendre parler de Silvio Berlusconi en Italie, de Sebastián Piñera au Chili et de Donald Trump aux États-Unis : ce sont tous des hommes d'affaires, des milliardaires ! Et la France a rejoint en 2017 ce club des pays dirigés par les milliardaires : le président de la République, Emmanuel Macron vient de la banque Rothschild. Dans son gouvernement de 32 ministres, 12 sont millionnaires.

Les riches s'approprient partout dans le monde la politique pour mieux piller les richesses de leur propre peuple.

QUE PEUT-ON FAIRE POUR QUE ÇA CHANGE ?

Chère lectrice, cher lecteur,

Le seul fait que tu aies lu ces quelques pages et rigolé devant les dessins d'Étienne, c'est déjà le changement ! Tu sais maintenant que lorsqu'on te dit qu'à l'école tout le monde a les mêmes chances, ce n'est pas vrai. Tu as compris que lorsqu'on te dit que la richesse et la pauvreté sont « normales » et que l'on n'y peut rien, ce n'est pas vrai non plus. Et tu as aussi compris que les inégalités ne sont pas naturelles, mais souhaitées et construites par ceux qui ont les richesses et tous les pouvoirs. Comprendre cela, c'est très important : **ce qui n'est pas naturel, ce qui est construit, on peut le défaire et on peut le changer.**

Cette course à l'argent menace notre société, et elle menace aussi notre planète. Le changement climatique, par exemple, est le résultat catastrophique de l'activité des hommes, trop affamés d'enrichissement pour se préoccuper des conséquences de leurs actes. Et les plus touchés par ce changement du climat de la Terre seront bien entendu les plus pauvres. Ceux qui vivent aux franges du désert, ceux qui ont construit leurs fragiles demeures au bord des océans.

Les humains et la nature sont ainsi condamnés au pire si rien n'est fait pour arrêter le règne de l'argent et du profit. Mais ce qui a été fait par certains peut être déconstruit par d'autres, heureusement ! Ce sera ton travail de citoyen d'obtenir plus de justice sociale, par exemple en exigeant que plus d'hommes et de femmes politiques viennent du peuple et qu'ils ne représentent pas seulement la classe dominante, ce qui permettrait de supprimer les niches fiscales, de lutter contre les paradis fiscaux, de taxer les spéculateurs…

Tu as du travail devant toi. Alors, au boulot !

LA BARRE À GAUCHE TOUTE!
FRANCE

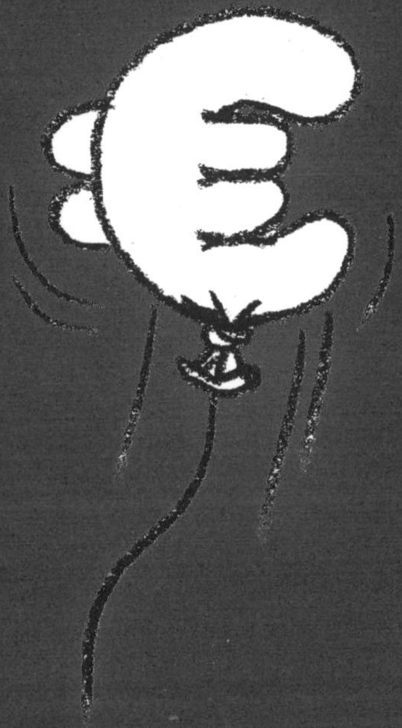

Graphisme : ADGP (ateliergrandspechers.fr)
Édition : Marianne Zuzula
Relecture et corrections : Raphaël Tomas

Cette nouvelle édition de *Pourquoi les riches sont-ils de plus en plus riches et les pauvres de plus en plus pauvres ?* a été imprimée en août 2018 sur les presses de l'imprimerie Laballery (France).
Dépôt légal septembre 2018
Numéro d'impression : 806142
Isbn : 978-2-36012-101-4